然而，這座城市並不述說其過往的故事，而是默默將這些過往容納在市區當中，猶如手掌上的掌紋……

——卡爾維諾，《看不見的城市》，一九七二

10 良好的骨架——

奧勒岡州。波特蘭
英屬哥倫比亞省。溫哥華

在我旅途中走訪過的城市裡，有些讓我不禁想移居國外。

我羨慕東京那種恬靜的鄰里，那些愜意的巷道，可讓貓咪恣意遊蕩，讓人騎乘單車或是步行至鄰近的電車站。我能想像自己在弗萊堡福邦的無車環境中養兒育女，也很樂於在巴黎找個度假小屋，最好就位在電車線的步行範圍內。即便是波哥大也有某種魅力——尤其是在星期日，道路禁止汽車通行，全市的居民彷彿全湧上了街道，加入行人與單車騎士的行列。我去過哥本哈根之後，就一直試圖說服我太太造訪那座位在波羅的海沿岸的都市烏托邦——那裡的居民不開休旅車，只騎載貨單車，而且連老年人都擁有能騎車的健康體魄。

這些城市全都具備一項共同的特徵：藉著改善大眾運輸以及降低對汽車的依賴，造就出令人欣羨的生活品質。不過，我不認為亞洲、歐洲與拉丁美洲那些城市的運輸政策能直接套用到北美洲的城市，並預期達到同樣的成果。歐洲的首都擁有歷史悠久的地鐵或電車網絡，以及適宜步行的中世紀市中心，因此城市中心區域的居民密度是美國城市遠遠比不上的。在隨著鐵路網絡發展而成的日本城市裡，私人汽車從來就不是民眾預設的運輸型態，而是一種昂貴的配件，用於因應出門辦事或度假的交通需求。在南美洲人口密集的市中心區，由於絕大多數的民眾都沒有汽車，因此承諾興建優質的大眾運輸甚至可讓政治人物贏得選戰。

美國大多數城市的都市結構則是大為不同。自從第一輛圓弧擋泥板奧斯摩比汽車（Curved Dash Oldsmobile）在一九〇一年於密西根州蘭辛（Lansing）出廠以來，大量生產的汽油車輛就在美國都市中留下了無可磨滅的印記。單一出入口的住宅區和位在高速公路交流道旁的邊緣城市，是最抗拒大眾運輸的發展型態，但這種發展型態已成為美國太多地區的樣板。從紐約州的水牛城到加州的貝克斯菲爾德（Bakersfield），以汽車為中心的發展方式無所不在，讓人不禁覺得想逆轉這個現象、擺脫城市蔓延的狀態，會是一場虛妄的白日夢。

不過，美國至少有一座城市指出一種不同的未來。我知道東岸居民對奧勒岡州波特蘭的看法：一個不錯的地方，有酥脆的燕麥片、長著青苔的屋瓦以及素食貓飼料般的氛圍。畢竟，那裡是《雷夢拉》（*Ramona Quimby*）系列童書裡所描寫的五〇年代風格市區小鎮，也是一座以「保有波特蘭的怪咖本性」（Keep Portland Weird）為口號的反企業聖地，而且作家帕拉尼克（Chuck Palahniuk）筆下的逃犯與難民也來自於此——波特蘭的著名之處，就在於此地是一個能讓年輕人過著退休生活的地方。要是你想把人生投注在有機啤酒、二手唱片或是單速自行車上，波特蘭就是個適合你的地方。不過，你要是胸懷壯志，或想賺大錢，就別待在這座城市。不過，波特蘭的各種怪異特色其實都只是表象而已；這裡在許多面向上仍是一座典型的美國中型城市，經濟活動原本以造船、磨麵粉與紙漿加工為主，近年來則轉變為生產英特爾晶片、耐吉跑步鞋與戶外用品品牌哥倫比亞的「活動衣」。擁有六十萬人口的波特蘭如今只是一個龐大都會區的中心城市。該都會區總共包含二十七座自治市，其中的兩百萬居民散布於三個郡，各自有其本身的路邊商圈、地面停車場與戰後的都市蔓延發展。

然而，波特蘭卻在自身發展過程中的一個重要時刻做出關鍵的規劃和運輸選擇，現在已開始產生效果。近年來，波特蘭的人均大眾運輸搭乘數已不亞於芝加哥、費城及其他許多較古老也較密集的城市，波特蘭居民搭乘大眾運輸的機率更是較全美平均高出一倍。此外，他們每天的駕車通勤里程也比全美平均低了百分之二十，花費在交通上的家戶所得也少得多。波特蘭的四線輕軌系統共有五十二英里的軌道——預計在未來六年內將再增建十英里——不但穿越松樹林通往偏遠的市郊，也可將乘客載運至當地的國際機場附近的幾百英尺處。此外，由於一套總里程數達兩百六十英里的單車道網絡，波特蘭人更比美國其他城市的居民更樂於騎乘腳踏車上班。[1]

不出意料，這座城市目前在公共運輸以及大眾運輸導向的發展上犯了些錯誤。不過，比起美國其他地區，波特蘭更加堅定地走出一條道路，將在高能源價格的未來世界中安保這座城市的榮景。此外，波特蘭更藉著明智的運輸政策躲過遭到汽車主宰的命運，也顯示其他城市不需絕望——即便是戰後才大幅成長的新興城市也一樣。

高速公路上的野餐

波特蘭市中心生氣盎然，這是西方世界的市中心區罕見的現象。波特蘭市中心的街區都相當短，只有兩百英尺——這樣的設計可增加街角地塊的數目，藉此突顯古蹟建築，包括全美洲規模最大的一叢鑄鐵建築——有時不免讓人覺得像是一座趕著淘金熱潮的迷你曼哈頓。這裡不像充斥太多地面停車場與毫無特色的辦公大樓而顯得荒涼的洛杉磯市中心，波特蘭的市中心具有不分晝夜的真實都市風格。少數僅存的空地上擺滿了販售土耳其薄餅、衣索比亞苔麩餅以及拉丁亞洲混合食品（例如韓國泡菜口味的墨西哥玉米餅）的攤販推車，看起來彷彿都在這些空地上落腳紮根。古老的百貨公司旗艦店沒有遷移到外圍的購物商場，有相當比例的就業機會仍然集中在市中心的辦公大樓；更重要的是，仍然有許多人住在這裡。我這麼說也許不免偏見，但一座市中心的一大景點若是一家占地廣達一整個街區的書店——亦即規模大得令人訝異而且內部有如迷宮的鮑爾書屋（Powell's）——那麼這座城市顯然值得期待。

然而，波特蘭的市中心卻好像少了什麼東西。

我初次造訪波特蘭時，曾經隱隱約約有這種感覺，但這次我卻馬上就意識到這一點。在開拓者廣場（Pioneer Courthouse Square）上，數以百計的群眾排隊準備參加假日麥酒節的活動，絲毫無懼於新聞報導的炸彈攻擊未遂案件——一週前，一名索馬利亞青少年因為計畫在這座廣場的耶誕樹點燈活動上引爆炸彈而遭到逮捕。一個喝醉了酒、步履晃搖的耶誕老人（波特蘭以其行為不檢的耶誕老公公著稱）在一具班森飲水台（Benson Bubbler）前停下來喝了一口水，濕了鬍子——班森飲水台是一種銅製的四臂飲水台，和巴黎街道上的種種設施一樣精緻高雅，是鍍金時代的木材大亨班森（Simon Benson）捐贈給這座城市的愛心。我在露天週末市集穿越一群歡騰的群眾，眾人全都隨著一支十人吉卜賽猶太樂隊的熱鬧樂音齊踏著腳打拍子。直到我橫越本塞德大道（Burnside Avenue）前往聯合車站時，聽到一列火車的鳴笛聲迴盪在威拉米特河（Willamette River）上的鐵橋間，我才意識到波特蘭究竟少了什麼。我在市中心已經漫步了兩個小時，完全沒見到其他北美大都市裡的禍害：也就是摧殘住宅區並導致荒蕪景象的多線道高速公路。

這座城市擁有的少數幾條都市快速道路全都隱藏得相當好。與太平洋岸平行、從加拿大延伸到墨西哥的五號州際公路，從東波特蘭的倉庫與二手車展示場之間穿越而過，位在威拉米特河的彼岸。四〇五號州際公路的環狀道路將市中心與富裕的西丘地區（West Hills）

分隔開來，但卻是位在一道溝槽裡，因此主要交通幹道得以平面橫越這條州際公路。在威拉米特河靠市中心的這一側，其他城市必定都會利用河畔的土地興建快速道路，但這裡卻只有瑪科（Tom McCall）親水公園，園內的日本櫻花樹下可看到單車騎士悠然滑行在迂迴彎曲的單車道上。

就美國大都市的市郊化發展而言，波特蘭的市中心堪稱是個證明了一般常態的例外。一般的說法指稱，中產階級之所以揚棄市中心，是為了逃離社會動亂，以及消費者偏好寬廣的市郊居住環境的結果。事實上，在一座接一座的城市裡，都市沒落的起源都可回溯到一項劃時代的單一事件：美國在一九五六年簽署的《聯邦補助公路與收入法案》（*Federal Aid Highway and Revenue Act*）。這個法案促成了州際公路系統，是世界史上規模最大的公共工程計畫。

不論從哪個方面來看，這都是一項驚人的成就。這套公路網的正式名稱為「艾森豪州際暨國防高速公路系統」，現在共有四萬七千英里的限制通行道路，由六十二條橫跨北美大陸的超級高速公路交織成一片路網，每條雙向公路的單側至少都有兩條寬十二英尺的車道，路面鋪設平整，可讓轎車及卡車以七十英里的時速平穩行駛。有效連結全國兩百座軍事基地的這套路網，包括了夏威夷歐胡島上長八英里的H-2州際公路、以三千英里的長度連接西雅圖與波士頓的九十號州際公路，以及一百零四條隧道與五萬四千六百三十三座橋梁。隨著七十號州際公路的格倫伍德峽谷（Glenwood Canyon）路段於一九九二年興建完成，這套路網絡於在延誤二十年後按照原本的構思完工，總共耗費美國納稅人約五千億美元的稅金。

美國的道路在二十世紀以前，幾乎都是由地方政府獨力興建及維護，因此品質落差極大。一八八〇年代，單車騎士——不是汽車駕駛人——發起「完善道路運動」。第一個針對道路品質遊說政府的團體是擁有十萬名會員的美國雙輪客聯盟（League of American Wheelmen），他們要求政府將滿是坑坑疤疤的道路鋪平，讓用路人得以擺脱「泥濘的束縛」。另一方面，農民通常反對橫跨鄉間的公路，因為他們認為那只是游手好閒的城市居民用來遊樂的道路；他們自己偏好的做法，則是改善通往市集與鐵路端點車站的鄉下小路。如同史學家戈特弗倫（Owen Gutfreund）在《二十世紀的都市蔓延發展》（*Twentieth-Century Sprawl*）書中所記述的，二十世紀初期，「許多利益遊説團體各自將其經濟利益注入美國政治與大眾文化的結構，以及州與聯邦的法規當中」。早期的限制通行收費道路——例如賓州高速公路——雖然有利可圖，卻給人不民主的印象，於是公路遊説者之間形成了一項共識：新建的快速道路應該是公共事業，不收過路費。

州際公路系統的構想源於軍事需求。一九一九年，年輕時的艾森豪隨同一支車隊從華盛頓特區出發，花了兩個月的時間橫越美國本土抵達舊金山。後來，身為盟軍最高統帥的他，目睹了希特勒的軍隊如何利用德國的限制通行高速公路在全德各地快速移動，充分發揮閃電戰的破壞力。「昔日那支車隊讓我開始想要良好的兩線道公路，」艾森豪在他的回憶錄裡寫道：「但德國讓我看到在全國各地興建寬敞道路的智慧。」

身為胡佛卸任之後的第一位共和黨總統，艾森豪利用這些寬敞的道路為美國民眾獻上一份冷戰大禮。一開始，這些能讓汽車駕駛「開車橫越全美而不必遭到任何一個紅燈阻擋」的州際公路，受到美國人民熱切歡迎。不過，不久即可清楚看出，興建這些州際公路的工程師——其中許多都曾在紐約跟隨過摩希斯——都一心想將這種新式道路帶進城市的中心，並且不惜夷平任何擋路的鄰里。不僅如此，這些工程師鎖定的地點「剛好」都是猶太人、非裔美國人、波多黎各人與華人的聚居處——通往市郊的快速道路，顯然是循著社會抵抗力量最弱的路線修建。

摩希斯的跨布隆克斯快速道路早已摧毀了東翠蒙特，但隨著這些技術官僚的規劃範圍擴展至全國，他們也就剷除掉原本賦予美國都市活力的元素。紐奧良的克萊邦大道（Claiborne Avenue）沿路種植了美洲大陸上最長的一排連續不中斷的老橡樹，路旁的門廊也常吸引爵士樂手聚在一起即興演奏，現在卻永久遮蔽在十號州際公路這條高架道路的陰影下。在邁阿密的奧弗城（Overtown），像棉花俱樂部（Cotton Club）與搖滾國度舞廳（Rockland Palace）等黑人經營的企業，都遭到徵收改建成九十五號州際公路。底特律的黑底社區（Black Bottom）是當初靈魂樂之后艾瑞莎．弗蘭克林（Aretha Franklin）在父親的浸信會教堂唱歌的地方，同樣為了興建克萊斯勒高速公路（Chrysler Freeway）而被夷為平地。（密西根州長後來作證指出，他認為高速公路的建設是一九六七年種族暴動的一大肇因——那場暴動導致一千多棟建築淪為廢墟，並造成四十三人喪生。）

快速道路讓市中心不再適宜人居，促使更多人遷居到市郊社區，導致市中心變成單純只是「中心商業區」。

不久之後，無可阻擋的高速公路巨獸就遭遇到意想不到的頑強抵抗。在格林威治村，珍．雅各領導社區抗議活動，終於遏阻了曼哈頓下城快速道路的興建計畫。在孟菲斯，一群「穿著網球鞋的嬌小老婦人」組成一個出人意料的聯盟，阻止了四十號州際公路拆除歐維頓公園（Overton Park）——那裡是貓王第一次收費演出的地點。抗議人士阻擋了舊金山所有高速公路的興建工程，只有高架的濱海高速公路留下蓋到一半的殘樁，直到一九八九年的地震之後才拆除。要不是這些中產階級的阻撓人士，紐奧良的法國區、舊金山的金門公園與波士頓市中心的歷史城區當初都將永埋在水泥與柏油底下。

長久以來，那群高速公路幫伙一直把波特蘭視為他們的目標之一。一九四三年，波特蘭一名市府官員邀請摩希斯為這座「玫瑰之城」規劃一份戰後高速公路藍圖。「波特蘭的每一位市民，」摩希斯在這份八十六頁的報告裡指出：「都有權自豪，因為這座社區在時間充裕的情況下，已準備以清明的眼光面對未來。」不意外，摩希斯對波特蘭懷有的願景包括內環與外環的兩條高速公路。一九五〇年代，奧勒岡高速公路部門採行了摩希斯的許多建議，在取得聯邦資金之後便興建了日落公路（Sunset Highway）與五號州際公路。過去限制波特蘭市中心向外蔓延的西丘，也挖通了高容量的隧道，促成大量的蔓延發展，不久之後就淹沒了原本充滿田園氣息的華盛頓郡。

波特蘭抗拒高速公路的運動始於一場野餐。「港灣大道就像是一條先期的平面州際道路，」都市研究教授艾巴特（Carl Abbott）在他位於波特蘭州立大學市中心校區的研究室裡向我解釋：「這條道路興建於四〇年代，是市中心的外環道路，擋住了濱水區。六〇年代中期，惹人厭的奧勒岡期刊大廈（Oregon Journal Building）終於被拆掉了，於是高速公路部門便認為那是個將港灣大道改建成高速公路的大好機會。」一九六九年仲夏某天，幾百戶家庭發起了一場平和的抗議活動。「他們在那片夾在八線道的繁忙交通之間的荒蕪土地上攤開野餐布，打開野餐籃，小心地拉住孩子，以免他們跑到路上。他們自稱為『把河濱還給人民』組織，結果大幅改變了城市的走向，徹底排除港灣高速公路的構想。」如今，威拉米特河的西岸是一片綠油油的公園，父母可讓幼兒在這裡自由活動。

下一場戰役則是針對胡德山高速公路（Mount Hood Freeway）——這個名稱來自於市中心邊緣那座山頭有白雪覆蓋的活火山。這條高速公路若是建成，其中六英里長的路段將會切過波特蘭東南方，導致將近兩千棟住宅遭到拆除。五、六個鄰里在憤怒之下發起了反對該計畫的草根運動，獲得州長瑪科的同情。瑪科出生於麻州，在奧勒岡中部的一座牧場上長大，屬於共和黨內一群現已幾乎遭人遺忘的溫和派：他強烈支持環保、反對成長，曾在議會裡斥責「雜草叢生的住宅區、沿海地區瘋狂興建的公寓大樓，以及市郊地區毫無節制的蔓延」。一九七四年，瑪科向聯邦政府表示，他將把原本打算用以興建胡德山高速公路的資金拿來打造一套地區大眾運輸系統。

同在波特蘭州立大學教書的運輸學者艾德勒（Sy Adler）指出：「波特蘭是全美第二座利用聯邦政府撥發的高速公路資金打造替代運輸系統的城市，僅次於波士頓。」自從一九六四年以來，《都市大眾運輸法案》（*Urban Mass Transportation Act*）就允許地方政府購置大眾運輸設備的支出，可有高達三分之二由聯邦政府補助。不過，由於聯邦政府願意負擔十分之九的高速公路興建成本，因此財務拮据的地方政府通常都選擇多鋪柏油。奧勒岡州議會抵擋了此一趨勢，成立了公營的三郡運輸處（TriMet），從玫瑰之城大眾運輸公司（Rose City Transit）這家破產的私營公車暨電車企業手上接管資產。三郡運輸處首先在一九七八年將若干市中心街區規劃為大眾運輸與行人專用區；八年後，這個機構興建的一條輕軌正式通車，其路線沿著一條舊軌道，通往東方十五英里的葛里夏市（Gresham）。

波特蘭不但在全美率先將反高速公路運動轉變成支持大眾運輸的革命，接著又創下另一先例，成立了「都會區域政府」（Metro）——這是美國少數真正的區域政府，更是唯一由普選選出的區域政府。都會區域政府首先採行的其中一項舉措，就是劃出都市成長界線，確立未來二十年的土地供給，將波特蘭的都會地區限制在三百七十平方英里（目前劃定的界線對土地的管制延續到二〇四〇年）。這並非新式的構想：德國早自十九世紀就已採取市區劃分令（Fluchtlinienplan）限制城市成長，英國的城鎮規劃者也自從一九三〇年代以來就利用綠帶——將長條狀的土地保持在未開發的自然狀態——限制都市化發展。不過，這種做法至今仍然充滿爭議性，特別是在認為政府不該阻礙發展的人士眼中更是如此。

「州議會通過都市成長界線時，波特蘭還是老大，」艾德勒說：「這樣的情形在今天絕不可能發生，因為現在市郊的地位已比過去重要得多。此外，由於八〇年代大部分時間的經濟狀況都極為低落，因此成長界線一直到十年前才開始讓人感受到效果。」迫使開發商必須填滿空置建地與「棕地」（先前的工業區土地），而不能開發農田與森林地的成長界線，已達成了原本設定的許多目標。波特蘭的人口雖然自從一九七三年來已經成長了百分之五十，但城市占地面積卻只增加了百分之二。另一方面，波特蘭市中心的人口成長率也與市郊相當；在其他同樣大小的城市，市郊的成長速度都是市中心的三至四倍。擁護蔓延發展的人士聲稱成長界線導致房價上漲，但相較於所得中位數，波特蘭的住宅比起西雅圖、鹽湖城、洛杉磯及其他西部城市的類似房屋還是平價得多。

由於波特蘭及早致力於大眾運輸及區域規劃，因此面對能源價格節節高升的時代，也就占有優勢地位。當然，不是所有人都把這座城市揚棄高速公路的做法視為西岸版本的獨立宣言。有些人認為，波特蘭、甚至全美所需要的，不是減少高速公路，而是應該增加——並且是大大地增加。

高速公路反革命分子

在一個星期五的上午，我在第五大道與奧德街（Alder Street）的轉角搭上西向的五十六號公車。波特蘭的公車採用新飛人公司（New Flyer）生產的車輛，使用的燃料是現在已在許多公車車隊中蔚為標準的柴油混合植物油。這裡的公車雖無特別之處，但吸引到的乘客數卻是美國許多城市比不上的。五十六號公車上，一名身穿刷毛夾克的中年婦女坐在前排座位正看著Kindle，一個穿著防水夾克與短褲的鬍子男則在公車前方的紙類回收桶內撿起一份別人丟棄的《奧勒岡人報》（*The Oregonian*）。一個身穿黑雨衣的纖瘦男子在將登山車固定在公車前方的停車架上後，便從背包裡抽出塞利納（Louis-Ferdinand Céline）的《緩期死亡》（*Death on the Installment Plan*）。這樣的搭車人口和我在弗萊堡或史特拉斯堡看到的是同一類：中產階級、受過教育、具有環保意識。

隨著公車開出波特蘭市界，進入市郊的華盛頓郡，路邊的單車道也跟著消失，附設大片停車場的好幫手藥妝賣場（Rite Aid）與喜互惠超市則開始出現。我在肖斯費里路（Scholls Ferry Road）下車，正納悶該怎麼前往喀斯開政策學會（Cascades Policy Institute）——其總部位於一棟三層樓建築，前方是一片停車場。從人行道望去，看不到任何行人走道，於是我只好跨越鋪著杉木碎屑、種著矮樹叢的安全島。看來，要抵達這個自由放任主義智庫，顯然只有開車一途。

約翰．查爾斯（John Charles）邀請我到他的辦公室。在紐澤西長大的他在三十年前搬到奧勒岡州，從二〇〇五年開始擔任該學會的會長——這是一座十二人的研究中心，研究焦點是人身自由、財產權與自由市場。他批判區域規劃政策以及支持興建高速公路的專欄在北美洲西北岸相當知名。

「波特蘭一點都不進步，」查爾斯說：「這是一座消極無作為的城市。自從二〇五號州際公路在三十年前通車以來，我們就沒有再蓋過一條高速公路。汽車行駛里程每天不斷增加，但高速公路的容量卻固定不變。每一條輕軌路線都占用了本來就已經很稀少的道路空間，導致開車更困難。波特蘭市政府、都會區域政府以及三郡運輸處的那些人——這三個機構根本都是同一批人——還緊抱著那部七〇年代初期的劇本不放。『我們取消了胡德山高速公路，現在我們要蓋這條緩慢又昂貴的輕軌線，還要資助這笨重的電車，自稱走在時代尖端。』他們自以為聰明的觀點就是：汽車是壞東西。」

在查爾斯眼中，輕軌系統是個昂貴的玩具，只服務到小部分的人口。

「這套鐵路網絡不但速度緩慢，行駛的地方也不多，永遠不可能模仿無所不在的道路系統，所以根本是在追逐一個永不可及的虛幻目標。輕軌速度不快、容量不大，也不舒適，車上的座椅只有侏儒才坐得下。市中心又因為設置免費鐵路區而吸引到一群過路客和幫派分子，在又冷又溼的冬天尤其如此。實在很糟糕。」

根據查爾斯的說法，三郡運輸處已淪為錢坑。由於奧勒岡州不徵收銷售稅，因此三郡運輸處的主要收入來源是薪資稅——所有企業不論大小都必須繳納這項稅金。查爾斯認為，這筆錢大部分都花在三郡運輸處的人事費用及額外福利上。

「大眾運輸不需要更多的補助。我們得削減補助，大眾運輸應該自負盈虧。我們需要的是讓法規鬆綁，才能擺脫三郡運輸處這頭巨獸，促使私部門能在利基市場中再經營合法的野雞車。」如同大部分的自由放任主義者，查爾斯也認為大眾運輸若是不能靠車資收入支應自己的開銷，就沒有理由存在。私有汽車足以因應大多數人的交通需求，剩下的只需靠私營小巴及共享計程車即可。

這種論點的一項缺陷，就是私人汽車行駛的高速公路其實無法自負盈虧，而且從來不曾如此。高速公路的擁護者聲稱「公路信託基金」從每加侖汽油抽取的十八點四美分（這個金額從一九九三年後就未曾調高過，一般駕駛每年只需負擔一百美元），就是使用者支付的費用——意思就是說高速公路駕駛都已自己負擔了道路成本。這種論點根本是胡說八道：芝加哥或波士頓的駕車通勤者就算只使用當地的道路開車上下班，還是得在加油的支出中負擔州際公路的維護成本，不論這些州際公路是位在蒙大拿還是北達科他州。此外，每個消費者只要購買由卡車運送的筆電或罐頭湯，也間接支付了包含在所有消費商品價格中的汽油稅。美國科技評估局（Office of Technology Assessment）估計指出，公部門補助汽車與卡車駕駛人的總額——包括道路維護、交通管制與免費停車位——一年至少要四千四百七十億美元，甚至可能高達八千九百九十億美元。根據知名運輸學者維奇克（Vukan Vuchic）的估計，汽車駕駛對自己的用路成本只負擔了百分之六十，剩下的百分之四十則是由各級政府補助。換句話說，高速公路對於公共補助的依賴程度幾乎和大城市的大眾運輸系統完全相等。

不過，查爾斯對於這項質疑也有一套論點：他認為只要將高速公路私有化，就可避免塞車現象。向駕駛人收取用路費用，可讓州際公路系統恢復往日的榮光，可望使交通恢復通暢。他希望波特蘭能興建新的私營收費高速公路，也就是洛杉磯已嘗試過的那種道路。

「但是也可以直接利用既有的高速公路網，」他愈說愈起勁：「然後利用感應器、電子收費、尖峰時刻訂價以及設定收費費率等做法確保交通順暢，而且還要訂定最低速限四十五英里。這麼一來，流量就會增加，油耗也會減少，汽車駕駛人將會比現在快樂得多。」

這麼一套系統絕對能減緩塞車現象——但裨益的對象只有少數菁英。加州的河畔高速公路是知名度最甚的私營收費道路之一，其快捷車道就是因此而被稱為「凌志專用道」：橘郡的企業主管可以花費十美元，以六十五英里的時速奔馳抵達辦公室，而他的園丁則可能一整個上午都卡在車陣裡。

「你提到對汽車駕駛人的補貼，」查爾斯繼續說道：「我只能說，現在汽車駕駛根本連付錢的機會都沒有。我要是陷身在車陣裡，也不能說：『我願意刷信用卡，繞過這個地方，走比較快的車道。』我那些注重環保的朋友，大部分都抱持莫斯科人排隊領麵包的觀點：『同志，我們非常重視平等。我們肩並肩一同在車陣中浪費時間，哪裡都去不了，這樣是不是很美妙啊？』才怪，這不叫美妙，這叫愚蠢。」

我承認，在機場接受安檢、在機動車輛管理局辦事，或是假日出遊在高速公路上陷入車陣時，我也不免會想付錢避開惱人的人潮。不過，我可不想住在一個富人只要付錢就能比窮人優先使用公共基礎設施的國家。要是真如此，一個社會恐怕還來不及淪落到這種地步之前，就會先引發革命了。

從十九世紀曼哈頓的公車到當代馬尼拉的吉普尼，事實一再證明自由市場非常不擅長為城市提供有效的大眾運輸。如同我在法國發現的，私人大眾運輸公司賺取利潤的方式，就是先以不切實際的低價搶標，接著再以成本超支為由，要求地方政府補助。在印地安納州，西班牙與澳洲的投資業者近來興建了一條成本數十億美元的私營高速公路——表面上這看起來似乎對州政府相當有利，但只要認真看看細節就會發現其實不然：美國的納稅人在未來的七十五年內，每年都必須支付數百萬美元給這個國際財團。就大眾運輸網絡而言，要達到營運效率的最佳方法，就是由單一機構長期全權規劃，而且許多最佳案例都是由類似三郡運輸處這樣的公共機關規劃而成的結果。組織化的大眾運輸不是通往世界大同的第一步，純粹只是合乎常識的做法。

查爾斯論述完他的觀點之後，便和我一起走到學會的停車場，他的太太已開著一輛銀色休旅車在那裡等著他。他坐上副駕駛座，隨即駕車離開。我走回公車站牌，等候往市中心的五十六號公車。

對於查爾斯沒有提議載我一程，我並不意外。自由放任主義者向來難以容忍搭便車的人。我不介意。那天天氣晴朗，而且我身上帶了一本好書。

花了幾天搭過波特蘭的公車、電車與輕軌之後，我發現查爾斯大部分的埋怨都是誇大其詞。他說市中心的停車費已高得失控，但我看到不少招牌上標示全日停車只需九美元，這樣的價格根本不足以遏阻人開車進入市區。查爾斯說波特蘭因為沒有興建新的高速公路，以致塞車情形惡化得讓人無可忍受，但德州交通研究中心的交通報告指出，和同等大小的城市相比，波特蘭居民花在交通上的時間其實低於平均值，而且近年來此一時間還出現了縮短的趨勢。此外，大眾運輸方面上的投資顯然也出現成效。波特蘭的大眾運輸乘客人數在過去二十年間已經倍增，但全美只成長了百分之十五。

不過，查爾斯對波特蘭的大眾運輸提出的部分批評還是言之有理。舉例而言，西側通勤鐵路線吸引到的乘客量不夠多，而且我發現公車的候車時間太長，在市中心以外的地區尤其如此。三郡運輸處是美國第一個提出「頻繁網絡」構想的政府機構，在關鍵公車路線上保證班車間距不會超過十分鐘。不過，該處近來指稱薪資稅收入減少，而將車班間距延長至十七分鐘。減少提供接駁公車班次不但是錯誤的政策——而且足以促使大眾運輸邁向衰亡的惡性循環——也製造了不良的公關形象，特別是波特蘭同時還耗資數億美元將鐵路延展至富裕的市郊。讓民眾在街上候車的時間絕對是寧短勿長，在多雨的北美洲西北岸更是如此。

儘管如此，以簡稱ＭＡＸ輕軌系統的「都會區域快車」做為波特蘭大眾運輸體系的骨幹卻是深具遠見的選擇。行駛在鐵軌上的ＭＡＸ列車擁有兩節低地板車廂，並由列車上方的電線提供動力。這種列車有著四四方方的車身與傾斜尖角的車頭，是八〇年代盛行的流線型設計。一天下午，我搭乘駛向希爾斯波羅（Hillsboro）的藍線列車，那部ＭＡＸ列車首先在市中心的街道上緩慢行駛，有如笨重的電車；進入西丘的隧道之後則像是地鐵——位於波特蘭動物園地底下的車站深達兩百六十英尺，是北美洲位置最深的車站——接著又從地底冒出，搖身變為如假包換的輕軌列車，加速超越二十六號州際公路上頭尾相連的眾多車輛。

ＭＡＸ列車在少數路段的時速可達五十五英里，但連同靠站時間計算在內的平均時速只有二十英里。ＭＡＸ列車一天的載運人次達十二萬一千，與十年前相比已近乎倍增。對乘客而言，波特蘭的輕軌列車舒適又可靠，對市區和市郊來說算是極佳的折衷方案。不過，我老遠來到奧勒岡州可不是只為搭乘ＭＡＸ列車。波特蘭都會區還有全美最獲稱許的市郊大眾運輸導向發展：奧倫科車站（Orenco Station）。

先前的新都市主義社區，例如建築師杜安伊（Andrés Duany）與普拉特塞伯克（Elizabeth Plater-Zyberk）在佛羅里達州規劃的海濱市與慶典市，雖以適合步行的環境備受讚揚，但批評者卻也正確無誤地指出這些社區得完全依賴汽車。這類社區雖有門廊與人行道，卻還是市郊住宅區，只能靠高速公路的交流道抵達。奧倫科車站的設計目的，則是要成為第一座擺脫汽車依賴性的新都市主義社區，其市鎮中心就位在大眾運輸的步行範圍內。MAX輕軌路線在一九九八年延展至奧倫科車站，時任副總統的高爾還發表了一場演說，盛讚這座社區不但適宜步行，和大眾運輸的距離也極接近；《夕陽》（*Sunset*）雜誌甚至將其評選為二〇〇五年的「最佳新市郊」。

我想知道奧倫科車站是否名符其實。良好的設計與規劃若是足以鼓勵市郊居民開始利用大眾運輸，那麼城市規劃師致力於提高市郊住宅區的密度就有其道理。在這個油價節節高升的時代，奧倫科車站也許能證明市郊的未來仍有希望。

從波特蘭市中心搭了半小時的車之後，我在奧倫科站下車。軌道以北是一座泊車換車停車場，內有數百個車位，但現在只有十幾個車位有車停上。我走了四分之一英里，經過一片閒置的空地與一座稱為「核心」（Nexus）的公寓社區，再穿越交通繁忙且寬敞的康乃爾路（Cornell Road），終於來到奧倫科車站的鎮中心。這裡有各一家的超市、郵局、廚具店、壽司餐館、印度餐廳、高級紅酒暨雪茄專賣店，還有免不了的星巴克門市。我就在星巴克與拉蓓兒（Debbie Raber）相約見面——她是一位城市規劃師，曾經規劃鄰近的希爾斯波羅自治市，也參與了奧倫科車站計畫。

「這座社區的歷史可追溯到一九五九年，」她解釋道：「當時一家建商在康乃爾路沿線開發了九百塊四分之一英畝的土地。那起開發案其實是典型的土地騙局。建商把那些土地賣給沒到現場實地看過的顧客，謊稱他們可以獲得希爾斯波羅市提供公共設施，可是希爾斯波羅距離此地其實有兩英里以上。後來市政府拒絕為這片土地建置公共設施，結果這裡就空置了三十年。」

希爾斯波羅遊說了都會區域政府將MAX藍線延伸至其市中心，於是，奧勒岡州與華盛頓州公務人員退休基金都持有其部分股份的開發商太平洋信託，便與太平洋岸建設公司合作開發了兩百英畝的土地，密度比絕大多數的市郊社區高出許多。

「奧倫科緊鄰一座比較舊的建案，那裡興建的都是占地一萬平方英尺的單戶住宅。那座社區的居民得知建商打算興建占地六千平方英尺的住宅之後，所有人都氣憤不已。他們心裡的感覺是：『你們這麼做是什麼意思？這樣會導致這個地區出現租屋客哪！』」

如果說奧倫科車站帶來什麼影響，那麼就是提高了當地的房產價值；現在，這裡的房價已比鄰近的其他住宅區高出百分之三十。拉蓓兒帶著我走上奧倫科車站公園大道，路旁矗立著一幢幢三層樓的維多利亞式紅磚住宅，前方鋪有寬廣的人行道，妝點著一根根鑄鐵路燈——這裡的設計刻意仿造波士頓的後灣社區。這條公園大道接著經過一排可供居住與工作的連棟房屋，再通往奧倫科的中央公園——這是一片長形綠地，三側圍繞著地坪狹小的兩層樓住宅。我們走進一條巷子，拉蓓兒向我指出位於車庫上方的「老奶奶樓層」——又稱為「方吉套房」，原因是這種住屋令人聯想起電視影集《快樂時光》（*Happy Days*）裡那個名叫方吉（Fonzie）的叛逆小子在車棚上方的公寓——不少奧倫科居民都把那樣的空間當成民宿出租營利。每條狹窄的街道都只限單側停車，車庫位在屋後，因此面對街道的房屋正面不會只是一片單調的車庫門扇。所有房屋都有相當深的門廊，前門則接近於建地邊緣。奧倫科車站的居住密度，在單戶住宅地區約是每英畝七戶，在公寓及連棟住宅區則是每英畝二十戶——這樣的密度至少在理論上可為輕軌系統提供充足的乘客。

「奧倫科車站剛成立的時候，」拉蓓兒說：「這裡小孩很少，因為大家都不習慣沒有後院的房屋。」我們走過一座設有遊樂場的小公園，裡面除了一個人在遛狗之外，並不見其他人影。「隨著日子過去，這裡的家庭愈來愈多了，但家庭規模絕對比其他市郊地區來得小。我們發現奧倫科車站有許多單身婦女，她們之所以受這裡吸引，是因為這裡環境安全、能見度高、照明良好，犯罪率也低。」

由於其人行道與公園，奧倫科車站遠比大多數的市郊地區更適合步行。在夏季的星期日，超市停車場都會有農夫市集。不過，建商卻選擇把奧倫科車站的商業區設置在交通繁忙的康乃爾路，而不是ＭＡＸ車站附近。此外，走向輕軌的路程也得跨越五線道的交通以及一座荒涼的停車場。有個問題至今仍然揮之不去：這裡真的算是一個大眾運輸導向的市郊地區嗎？居民對這一點的意見頗為分歧。

我在星巴克發現有個名叫提爾南的男子在一本亞當·斯密的傳記上做著筆記，他說他在六年前從麻州搬到奧倫科，在公園大道上買了一幢連棟房屋。單身而且年約五十五歲的他，喜歡奧倫科的規劃構想。「我會走到郵局去收信，順便買點日用品。」可是他不搭乘輕軌通勤。「我在家工作，而且這個地區其實分散得還滿廣的，所以得開車才行。我一年可能會搭個五、六次MAX輕軌，去鮑爾書局、聽音樂會或者逛逛動物園，可是我通常都開車。」他指了指他的轎車就停放在後方的停車場上。

在超市前庭的一家小餐廳裡，我向索羅門與唐娜攀談，他們剛吃完義大利麵。他們四年前在奧倫科車站買下一棟房子，但唐娜說他們兩人都不搭乘輕軌通勤。「我們遇到特殊場合才會搭MAX列車，」索羅門說：「例如市中心舉辦大型活動，我們又不想開車，或是我們想喝點酒，還是要搭機出城。你可以從這裡搭MAX列車到機場，又不必把車子停在機場過夜。這點確實很方便。」索羅門在鄰近的英特爾園區擔任程式設計師。「我到公司只有十分鐘左右的路程。我以前騎過腳踏車，也走路上班過，可是我比較喜歡開車。」他記得英特爾曾經發給他免費的MAX搭乘卡，可是他沒有使用。儘管他每週有三天到波特蘭州立大學上在職進修課程，他去市中心卻都還是開車。「搭MAX列車也許能節省一點時間，可是我還是開車。反正停車不用錢。我是說，感覺像是不用錢，因為你如果是學生，停車費就已經包含在學費裡了。」這對夫婦擁有兩輛車，而且儘管油價高漲，他們還是不打算把車賣掉。唐娜說：「我們有孩子，還有兩條狗。在這裡沒有車是不行的。」

路易斯克拉克學院（Lewis and Clark College）的社會學家波朵布尼克（Bruce Podobnik）曾進行一項研究，證明了奧倫科車站雖然接近大眾運輸，但這裡大多數的居民卻還是持續開車。儘管這裡騎單車、步行或共乘汽車上班的人多於鄰近的其他市郊地區，卻只有百分之十五的人口搭乘MAX輕軌或公車通勤，而且整整有百分之六十四的人口還是開車上班。柏克萊加州大學運輸研究中心主任瑟維羅（Robert Cervero）曾指派一個團隊，針對奧倫科車站進行研究之後的結論是，這類市郊大眾運輸導向發展提供了太多的停車空間。建商顯然因為害怕嚇跑買家，所以提供的車位數遠超過戶數，進而造就出廣大的泊車換車場以及地面停車場。

不過，問題其實在於MAX輕軌並未將當地居民載送到他們必須去的地方。這裡最大的雇主是英特爾，而且這家電腦晶片製造商也有好幾座園區散布在該地全區內——被人稱為「矽林」（Silicon Forest）——但卻沒有一座園區位在輕軌車站的步行距離內。英特爾占地廣大的隆勒園區（Ronler Acres）位於奧倫科車站以北，距離MAX輕軌路線超過一英里。英特爾雖然提供輕軌車站的接駁車服務，卻鮮有人搭乘。

我在離開之前，又訪問了一位名叫安妮的護士。她年約三十五，幾週前才剛從芝加哥搬到當地。她先生朗恩預計在幾天後也會跟著遷居過來。她坦承自己對搬到市郊有點疑慮。「我來自芝加哥，所以喜歡住在市區附近。我不確定我能不能習慣奧倫科車站這種純樸的環境。朗恩過來之後，我們也許會想搬到波特蘭市中心。」

我能理解她的感覺。奧倫科車站帶有一種刻意營造的古雅色彩，讓我覺得有點可怕——在佛州慶典市實地拍攝的電影《楚門的世界》（*The Truman Show*），就曾經充分呈現出這種由屋主協會強制推行的懷舊美感。奧倫科車站的住宅相當昂貴，因此這種社區無法像真正的都市鄰里那樣，因為階級混居而造就生氣盎然的環境。一項針對新都市主義社區進行的全國調查顯示，這類社區只有百分之十五含有當地中等收入家戶負擔得起的平價住宅。我心想，這種小巧緊密的住宅區雖然採用都市風格，卻不帶都市生活環境的實質，因此應該稱為「新市郊主義」才對。我捫心自問自己是否會想住在奧倫科車站。不曉得為什麼，我就是無法想像艾琳和我在北美洲西北岸的這片松林裡，找一棟仿造大城市連棟房屋的住宅定居下來生兒育女。

不過，我倒是輕輕鬆鬆地就能想像我們搬到舊奧倫科——這是一座非常不一樣的社區，就位在奧倫科車站的鐵軌對面。舊奧倫科是奧勒岡園藝公司在一九〇六年為其員工開發的社區，是一座典型的企業城鎮。從匈牙利與波蘭移民而來的園藝工人，在昔日的奧勒岡電鐵城際鐵路線旁邊一塊一千二百英畝的土地上興建了四處散布的平房住宅。某天下午，我在這座社區坑坑洞洞的街道上漫步，不禁愛上了這個大眾運輸導向發展的模範，儘管當初興建這座社區時，這個名詞還不存在。在舊奧倫科，那些工匠式的住宅是貨真價實的老式住宅，而不是建商刻意仿造的產品。狗兒趴在街道上睡覺，雜草叢生的庭院停著架在空心磚上的小貨車，百年樹齡的美國榆樹伸展出繁茂的枝葉，造就濃密的遮蔭。這裡是能讓人養雞種菜的鄉下地區，但你若是需要感受一點都市氣息，通往波特蘭市中心的鐵路線就在步行距離內。換句話說，這裡融合了鄉下與城市的優點，而不是像奧倫科車站那樣介於城鄉之間的四不像。

奧倫科車站顯然不是福邦——福邦這座弗萊堡的市郊住宅區，由於遍及全市的電車路網與城際鐵路，因此居民可以過著真正的無車生活。奧倫科車站的問題之一是住宅區和就業地區搭配不良，但更大的問題可能是這個地方主要都是由汽車與高速公路所打造，也是為了汽車與高速公路而打造。

「你一旦出了市中心、東波特蘭還有其他幾個像奧倫科這樣的地區之後，波特蘭其實就和其他美國城市一樣，」柏克萊加州大學都市計畫教授瑟維羅——同時也是美國首要的大眾運輸導向發展專家——坦言道：「不但密度低、擁有路邊商圈，而且房屋也都是各自分離的單戶住宅。不過，MAX與電車都只是開端，未來可望形成一套完整的運輸網絡。在現階段把鐵路拿來和高速公路比較是不公平的。你要是開車，就能靠相互連接與廣泛分布的道路前往這個區域裡任何一個地方。波特蘭目前的鐵路系統大概只能服務到百分之十的地點。這套系統目前還很不完整，但有朝一日要是能發展到像巴黎的地鐵和區域快鐵一樣，就可接近公路系統的覆蓋率。希望到了我們的孫子那一代，能有一套成熟而且完整的鐵路系統。」瑟維羅認為，對奧倫科車站及波特蘭其他市郊地區而言，目前以彈性規劃的公車捷運網絡與MAX路線相互接駁，可能是最明智的解決方案。

我不禁納悶：市郊發展不論多麼密集、多麼接近大眾運輸，真的是正確的發展方向嗎？在次級房貸風暴之後，為什麼還要專注在成長上呢？過度興建市郊住宅不正是導致我們陷入這團混亂的原因嗎？在我看來，波特蘭在一個世代前畫下都市成長界線，挑戰建商以「成長機器」做為都市經濟基礎的價值觀，就已經指出了未來的道路。在當前這個時代，既然有數以百萬的住宅空置無人居住，也許我們該問：在都市邊緣追求持續成長——即便是包裝在「智慧型成長」的美麗外衣下——會不會是珍貴的社會資源的浪費？

結果，波特蘭的規劃者原來比我有遠見得多。

良好的骨架

如同城市規劃專家常說的，波特蘭擁有良好的骨架：這座城市成長的核心是一套二次世界大戰之前興建的大眾運輸網，幹道沿線都有許多小型企業分布，而且市中心與內圍市郊的獨棟房屋和公寓都建於舊電車線的步行範圍內。許多城市規劃專家都認為，要振興這類區域，最簡單的方法就是恢復並改善當初為這些地區注入活力的頻繁大眾運輸服務。

位在波特蘭中央商業區北部的珍珠區（Pearl District），就是鮮明的例子。十五年前，這裡原本是個廢棄倉庫與老舊工廠到處充斥、前途看似黯淡的區域，夾在唐人街與四〇五號州際公路之間。今天，仿造捷克電車的美國製電車行駛於畫廊與公寓大樓之間——這些公寓大樓的一樓都是店面，高度則介於五到二十樓不等——街道上滿是熙來攘往的人潮，分別前往超市、健身房、咖啡廳與數十家餐廳。自從波特蘭的電車在二〇〇一年開始營運以來，其路線周圍半徑兩個街區的範圍內已有三十五億美元的開發案出現。這些成長雖然不全是電車的功勞，但電車顯然是備受珍珠區居民喜愛的便利設施。這部電車由波特蘭市政府經營，而不是三郡運輸處，行駛路徑是一條不斷循環的環狀路線，在市中心又可免費搭乘，因此被當地人當成短程交通工具。我每次搭乘這部電車，車上總是有許多購物乘客，手上滿滿提著喜互惠與健全食品（Whole Foods）等超市的提袋。

儘管珍珠區相當宜人，我卻無法想像艾琳和我在這裡定居。當地市政府雖然致力興建了許多平價住宅——波特蘭人稱之為「贍養公寓」（Alimony Flats）——這裡感覺起來卻像是富裕空巢客的都市遊樂場。（南濱水區〔South Waterfront〕這座位在電車路線上的高樓住宅區，經歷經濟衰退的嚴重衝擊之後，更顯荒涼不堪。）東波特蘭比較符合我們的風格：那裡包括了阿碧納（Albina）這個非裔美國人居住區的平房、霍桑區（Hawthorne District）的維多利亞式正方形住宅，以及好萊塢區和拉德鄰里（Ladd's Addition）等傳統的都市村落。這些原本由老舊單戶住宅構成的鄰里，現在人口已愈來愈密集，原因是公車與MAX電車營運的商業幹道沿線都有新的公寓大樓陸續蓋起。「都會區域政府」這個波特蘭地區的區域規劃機構將眾多資源投注於像奧倫科車站這樣的市郊計畫之後，如今已將焦點轉向在東波特蘭及其他市中心區域推行大眾運輸導向發展的計畫。

我在都會區域政府位於威拉米特河東岸的總部與吉布（Megan Gibb）會面。現年三十幾歲的吉布來自密西根州，說起話來語調輕柔的她在二〇〇八年開始掌管都會區域政府的大眾運輸導向發展計畫。她強調，洛杉磯的大眾運輸機構擁有車站附近的大量土地，但都會區域政府只能為地方政府提供誘因。

「我們的資金可用於公車與輕軌路線附近的開發案。我們在經濟衰退之後發現，許多規模較小的開發案都建在較靠近波特蘭的地方，在以前曾有電車營運的鄰里。」其中一個典型的例子就是梅里克大樓（Merrick），這是一幢六層樓的建築，一樓為店面，樓上共有一百八十五間公寓，位在河濱的洛伊德區（Lloyd District）一座MAX車站附近。這件兩千四百萬美元的開發案，是因都會區域政府的大眾運輸導向發展計畫提供了二十萬美元的誘因建設而成，效果已比類似的市郊發展好上許多：一項研究發現，梅里克大樓的住戶只有百分之四十四開車通勤，遠低於奧倫科車站的三分之二。吉布指出，都會區域政府最大的問題是難以跟上市場需求。「千禧世代的許多成員都想住在都市，但我們卻無法滿足他們的需求。」

波特蘭的大眾運輸導向發展計畫能持續成功，該城良好的骨架只是部分原因而已。另一個同樣重要的因素是，都會區域政府在上個世代以成長界線限制住都市的蔓延，而且也未曾停止投資大眾運輸：目前有計畫興建一條MAX路線橫越哥倫比亞河到華盛頓州，另外一條從市中心南方通往密爾瓦奇（Milwaukie）的新線也已動工。波特蘭要真正興盛發展，唯一需要的就是在中心區域容許更高的密度，利用政策——例如提高停車費用——遏阻汽車駕駛人把車開進市中心，同時三郡運輸處也該為保持完整的傳統鄰里供應更完善的公車、電車與輕軌服務。

不過，波特蘭人若是真的要推動這樣的發展，只需參考一下北方三百英里處的一座加拿大城市：一座近來以超速發展大眾運輸的城市。

有好有壞的「溫哥華主義」

英屬哥倫比亞省的溫哥華與奧勒岡州的波特蘭這兩座城市，實在很難不讓人覺得是北美洲西北岸一對在幼時遭到拆散的孿生兄弟。

這兩座城市原本都是隨著淘金熱而出現的新興城鎮，後來也都成長為北美洲西北岸的區域中心，擁有繁榮的港口，經濟活動也同樣以伐木與資源開採為基礎。這兩座城市都打造了電車與城際運輸網，戰後的市郊蔓延發展面積也都比其他類似規模的北美城市小得多。這兩座城市同在一九七〇年代選擇採用區域治理，波特蘭成立了都會區域政府，溫哥華則是成立了「大溫哥華地區機構」（現已更名為大溫哥華區域局〔Metro Vancouver〕）。溫哥華雖然沒有劃定城市成長界線，卻有實質上的成長界線，包括地理上的界線：西面的太平洋、北面與東面的高山，還有南面的美國國界；以及法律上的界線：亦即大片永久禁止開發的農地。這兩座城市都擁有六十萬的市中心人口，而整個區域的人口也都才只有兩百萬。直到現在，在這兩座城市分別達到青年期之際，這對雙胞胎才開始出現明顯的差異。波特蘭仍是一座區域中心，習於漸進的成長；溫哥華則是在近來成為國際樞紐，也是其獨特都市主義的模範，更是一座滿是玻璃大樓、有濃濃未來色彩的城市，由高架軌道上的流線型捷運列車繫在一起。

我在溫哥華長大，當初就是因為在這裡擔任送貨員目睹過太多車禍，才從此對交通與汽車產生終生的厭惡感。我家人在七〇年代搬到溫哥華，定居在大學附近一座單戶住宅社區裡。丹巴街（Dunbar Street）是距離我們家最近的主要幹道，從那裡能看到布里爾公司（Brill）生產的流線型電車，藉著車頂上方的電線提供的動力行駛。不過，那條街也是不久之前才開始有電車路線通過。當地的住宅包括採取古怪的花園城市街道藍圖建成的桑那斯高地（Shaughnessy Heights）社區的都鐸式豪宅，還有以灰泥粉刷的「溫哥華特色屋」（Vancouver Special）：這是一種盒狀的勞工階級住宅，有低矮的屋頂與二樓陽台。從多倫多來到溫哥華，不禁覺得這裡像是世界的盡頭，有如一座大英帝國的偏遠基地，羞怯地冒出若干另類文化的外貌。我兒時就是在這裡成為一個小小城市規劃專家，以步伐量測附近鄰里的尺寸，並製作出一個模型，證明只要除掉汽車，即可將城市街道轉變成公園。

我的父母與姊妹仍住在溫哥華。如今，當我重回溫哥華探親，我幾乎認不出這個地方了。我一下飛機，所見的景象就令我驚奇不已。在以西岸主題布置的機場中，我走在兩排圖騰柱之間，接著將行李拖到高架的天空列車車站。為了二〇一〇年冬季奧運而建的加拿大線（Canada Line），由韓製電動列車以五十英里的時速載運乘客前往西區。隨著無人駕駛的輕軌列車橫越弗雷澤河（Fraser River），我不禁瞪大眼睛望著原本只有低矮房屋的市郊地區。

現在，那裡竟然滿是辦公大廈與公寓大樓，一簇簇圍繞在天空列車車站周圍，每隔一英里半就可見到這麼一叢高樓大廈。那些在溫哥華西側地區、令人不免聯想到東波特蘭的小型單戶住宅並未完全消失，但現在都鄰接著外型新潮的歐式公寓社區，取了「城市廣場」及「野梅大道」這類的名稱。耶魯鎮曾是市中心一個充斥荒涼倉庫的地區，但我在這裡的車站下車之後，卻發現四周都是「視線穿透建築」——一幢幢纖細的公寓大樓，外牆包覆著淡綠色的玻璃，矗立在白雪點綴的沿岸高山前。現在，溫哥華市中心的人口密度已是北美洲第二高，僅次於曼哈頓。在我離開溫哥華的這段期間，我年少時期的落後地區似乎已轉變成一座溫帶新加坡，而且這個轉變在城市規劃專家之間催生出一個新的流行語：「溫哥華主義」。

為了瞭解這一切發展是朝著什麼樣的方向邁進，我找上了羅西（Moreno Rossi）——他是大溫哥華區域局的大眾運輸機構「運輸聯線」（TransLink）的資深規劃師——請他帶我搭乘天空列車，為我導覽這座改頭換面之後的新溫哥華。運輸聯線的總部位在英屬哥倫比亞省最大的購物中心——都會城購物廣場旁，我們就在這兒搭上一班博覽線列車。列車發出一陣逐漸升高的電力嗡鳴聲，隨即開出車站，行駛在以水泥柱支撐的高架軌道上，載著我們遠離市中心，朝東南方前進。列車開進距離地面三層樓高的新西敏站（New Westminster Station）。車站周圍的站區尚未完工，仍可見到不少頭戴橘色工程帽的建築工人。遠方，拖船在弗雷澤河上拖著浮木；在我們後方則有三棟高聳的公寓大樓矗立。羅西說，這裡的開發案一旦落成，將會有六百五十間公寓、各一家的零售雜貨店、超市、影城和診所。大部分的零售商店都將和車站月台直接相連。

羅西說：「這些車站已經愈來愈常包圍在開發案當中，和鄰里融為一體，不再只是獨立在鄰里之外的建築。」

這種發展和波特蘭的奧倫科車站對比極為鮮明。泊車換車的做法違反了運輸聯線的政策，因此這座車站周圍將會設置大眾運輸環線，由接駁公車將乘客載運到月台手扶梯前。羅西提及另一座車站，那裡有一家大型零售雜貨店也完全沒有設置停車位，而是讓顧客能直接從天空列車的車站走進店裡。結果，那家門市成了該連鎖店當中最成功的一家。溫哥華興建的正是我在東京見過的那種大眾運輸導向發展，可讓通勤乘客在從車站走回家的途中選購雜貨、買花、拿回送洗衣物。

我們乘車返回市中心之後，羅西在喬伊斯科靈伍站（Joyce-Collingwood）和我告別。我站在月台上，望著科靈伍村，這是一座位在一個單戶住宅舊鄰里內、占地二十七英畝、有四千五百人口數的開發案。四十四幢連棟房屋臨街而立，與天空列車的軌道互相平行；在這排連棟房屋後面，則是十六幢中高樓層的大樓。我走了一段路，注意到天空列車的高架軌道底下的綠帶已經改為一座社區園圃，能見到當地居民在那兒照料一畦畦的蕃茄、南瓜與萵苣。公寓大樓的一樓店面包括一家菲律賓雜貨店，櫥窗裡掛著油光閃亮的鴨，還有一家免預約診所，以及一家廣告著「日式離子燙」的髮廊。開發商還蓋了一座小學、健身房、一座公園以及社區警察局。

不過，最讓我吃驚的是從車站裡不斷湧出的乘客，其中有些人在車站手扶梯底下加入公車的候車隊伍。這時是下午五點半，因此車站都是從市中心返家的通勤乘客。我站在月台上數著人頭：每班四節車廂的列車卸下的乘客人數介於三十至四十人之間，而且不到兩分鐘就有一班車進站。在波特蘭的奧倫科車站，我注意到尖峰時刻的每班ＭＡＸ列車都只有五、六個人下車，而且班車間距至少六分鐘。從統計數據就可看得出來：在科靈伍村，百分之五十六的居民都利用大眾運輸通勤，奧倫科車站只有百分之十五。

在降低汽車依賴度方面，以高密度住宅區和零售商店搭配高容量大眾運輸的溫哥華模式，已然成為絕佳的方式。天空列車的載客量是ＭＡＸ的三倍，是北美洲最繁忙的輕軌系統。溫哥華在過去十年來的大眾運輸的載客量已成長百分之五十二，步行旅次增加百分之四十四，單車騎乘旅次更是增加到百分之一百八十。現在，進入溫哥華的汽車數比十年前減少了百分之十，居民通勤上班的平均時間也減少了幾分鐘（加拿大最大城多倫多的通勤時間則是大幅增加）。由於運輸政策見效，溫哥華目前的人均碳排放是北美洲各大城市當中最低的。[2]

我找上前市議員暨大眾運輸部落客普萊斯（Gordon Price），問他溫哥華主義是否能套用在溫哥華以外的其他地區。普萊斯認為，溫哥華和波特蘭一樣，因為早期的電車發展而擁有若干優勢。一套主要幹線間距皆為半英里的格狀路網，讓大多數住宅和大眾運輸間都只有短短幾分鐘的步行距離。溫哥華舊有的城際運輸網相當於洛杉磯的紅色列車，鼓勵了里奇蒙（Richmond）與瑟利（Surrey）這類人口眾多的市郊地區的成長，而天空列車現在從早到晚川流不息的乘客，也正來自這些地方。不過，普萊斯認為真正的關鍵在於溫哥華的反高速公路運動，揚棄都會高速公路的程度甚至比波特蘭更徹底。

「以前有個名叫瑟頓．布朗（Gerald Sutton Brown）的規劃師，他是工程師，也是市政執行官，自五〇年代以來就一直是溫哥華的大人物。」位高權重的瑟頓．布朗相當於加拿大的摩希斯，差點就落實了他理想中的區域高速公路系統，但他卻犯了一項錯誤：將高速公路路線劃過溫哥華的唐人街。「六〇年代晚期，華裔商人和政治立場較鮮明的工會辦了遊行與喧鬧的公共集會，接著又有一群律師、建築師、學者及都市思想家湊在一起，組成一個新的市級政黨。他們當選之後，第一件事就是解雇瑟頓．布朗。」大多數的加拿大高速公路都由省政府而不是聯邦政府管理；結果，英屬哥倫比亞省決定不提供資金給這項顯然不受歡迎的計畫。「令人驚訝的是，直到今天，還是沒有任何高速公路通過溫哥華市區，」普萊斯指出：「高速公路只要一到溫哥華的市界，就自動止步。」如同波特蘭，溫哥華也選擇把聯邦政府補助興建高速公路的資金挪作興建大眾運輸之用。市政府捨棄興建一座新橋梁的計畫，而推出海上公車（SeaBus）：這種亮橘色的渡船至今仍然持續營運不輟，乘客只需支付一張公車票的票價，即可搭船抵達北岸的高山。

結果顯示，高架輕軌是一項極有先見之明的科技選擇。在以運輸為主題的一九八六年世博會，我曾在開幕典禮上搭過天空列車。當時，我覺得天空列車只是個玩具，不過是個沒什麼重要性的載具罷了。不過，事實卻證明這套系統既耐用又深受喜愛，而加拿大線那種較寬敞的新式列車，也更像正式的大眾運輸車輛。普萊斯指出：「所幸有這樣的科技，我們的班車間距才能縮短到九十秒。這實在很不可思議。此外，列車靠自動行駛，增加新列車的勞力成本因此也低得難以想像。」溫哥華還推出一種公車捷運系統，以雙節公車在天空列車的車站接駁乘客，而且只在重要路口停靠。搭乘B線到英屬哥倫比亞大學上課的學生，都能領到包含在學費中的折扣月票。B線吸引到的乘客數極多，因此現在已有許多人要求將這條路線取代為恆久的輕軌路線。

就運輸政策而言，溫哥華在許多小地方上的做法都很正確。市中心的停車費用相當高昂：在小巷內的停車場停車一個半小時的價錢，足以在波特蘭市中心停車一整天。市政府在主要橋梁與幹道上都挪用了原本的車道，將其改建寬敞的單車道。運輸聯線的規劃副總裁希佛（Michael Shiffer）告訴我，他認為另一項因素是文化。他的上一份工作是在芝加哥交通局擔任規劃部門主管，但在美國，大眾運輸並不會自然而然地得到支持。「在美國，眾人爭論的議題經常是大眾運輸是否值得採用。但在這裡，大家都支持建設大眾運輸，所以爭論反而是誰能先獲得大眾運輸的服務，資金又從何而來？」

事實上，興建大眾運輸的資金來源不只一處。在溫哥華，乘客支付的車資只夠支應百分之五十的營運成本，剩下的則由燃料與財產稅支補。目前計畫興建的常青天空列車線（Evergreen SkyTrain Line），將由聯邦政府、省政府和區域政府各自出資三分之一。相對之下，通往機場的加拿大線則是北美洲第一座由公私合夥方式興建的重大大眾運輸基礎設施，結果許多評論家都指稱這項計畫充斥偷工減料的問題。原本規劃的路線上有三座車站不得不取消，建好的車站月台又因為長度太短而阻礙了未來擴張的空間。由於成本超支，省政府將得為經營這條路線的私營公司提供一年高達兩千一百萬美元的補助，直到二〇一五年為止。

我訪談的對象幾乎一致認為，溫哥華最大的優勢在於真正的區域規劃促成了一致的願景。為了確立區域土地使用及運輸決策的基本架構而在一九九六年通過的「宜居區域策略計畫」（Livable Region Strategic Plan），如今已是這整個區域的規劃藍圖。大溫哥華區域局這個相當於波特蘭都會區域政府的規劃主任狄瑪珂（Christina DeMarco）指出，這個區域的二十二個自治市都不斷相互諮商。

她說：「自從九〇年代中期以來，區域內的所有規劃主管每個月都會聚集討論共同關注的事項，不論是平價住宅還是重劃工業土地的用途。」他們也和運輸聯線密切合作，這個由省政府在一九九九年成立的機構，不但負責督導大眾運輸，也負責督導橋梁與主要道路。這個過程中的相關各方看法不一定一致。舉例而言，大溫哥華區域局傾向將常青線規劃成像波特蘭的ＭＡＸ那樣的地面輕軌線，但省政府卻選擇成本較高的天空列車。「各自治市都說，我們當初沒有同意興建這種列車，現在你卻要求我們掏出四億美元興建這套系統。就像是說，我們只要求福斯，你卻決定買法拉利，結果還要求我們出錢。」

不過，有一點倒是獲得各方的共識，亦即區域城市中心應由大眾運輸連接，而不是高速公路。就密度而言，天空列車已證明具有提高密度的效果：這是一套真正的大眾運輸系統，具有龐大的吞吐量，能促成高密度的住宅區和商業區，就像紐約的地鐵造就了中城的摩天大廈以及上東區和上西區的公寓大樓。

光是把一套良好的大眾運輸拋進一座城市，並不表示密度就一定會跟著出現：看看鳳凰城花了大把資金興建的輕軌系統，行經的路線上盡是一座座的停車場。差別在於，溫哥華很早就限制了汽車的空間，該市的規劃者也竭力將公寓大樓、環狀公車線與商店設置在大眾運輸車站附近。溫哥華的例子進一步證明了大眾運輸要充分發揮效果，就必須由真正具有區域視野的機構督導管理，而且合作對象最好是個對土地區域劃分及土地使用都有某程度的都會層級控制權的規劃單位。

有些人認為，與亞洲經濟關係愈來愈密切的溫哥華，並不是其他北美城市能模仿的樣板。某天上午，我搭乘加拿大線前往里奇蒙——這座市郊的人口有半數以上都是亞裔，其中大部分是來自中國、台灣與香港的新近移民——並在亞伯丁中心（Aberdeen Center）停留了一會兒。亞伯丁中心是一座堪稱由上海、台北或新加坡直接搬來的購物廣場，美食街裡的商業午餐是魚翅湯，規模不遜於邦諾書店（Barnes & Noble）的書局內販賣的商品包括麻將套組與《美國居大不易？搬到中國吧！》這類書籍。當地報紙的頭條新聞報導了一名房地產仲介將公寓大樓整層整層地預售給中國大陸的暴發戶。在批評者眼中，溫哥華已成為一座具有生產力的度假中心，沒有本地的經濟活動——對於環太平洋區具有高度移動能力的企業高階主管而言，是個相當吸引人的居住地，但完全仰賴外資挹注。我能瞭解，溫哥華就像杜拜或新加坡一樣，是個適合事業有成的人待個幾年的處所，卻不是個定居成家的好地方。

實際上，我年輕時居住的這座城市已經變得昂貴不已，甚至到了荒謬的程度。現在，即便是一小塊土地上的老舊房屋也可能要價逾一百萬美元；我父母原本住的那棟房子，近來標售的價格是他們當初在七〇年代買價的三十倍。我曾經不只一次夢想過說服艾琳搬到溫哥華來住，每逢蒙特婁的寒冬時節更是如此——畢竟，溫哥華的市區內就有美麗的沙灘與樹木高大的森林。不過，事實上，我們恐怕根本買不起故鄉的房子了。

溫哥華的規劃部長托德里安（Brent Toderian）年紀很輕，而且充滿熱情。對於批評者指控這座城市房價過高，只有國際菁英才住得起的說法，他提出辯解。

「我們約有七千個兒童住在市中心，而且北美洲在過去十年來只有極少數的城市在市中心開設小學，但我們就是其中之一，」托德里安說：「我們要求建商必須規劃托育中心、公園以及鄰里設施。」他指出，像伍德沃茲大樓（Woodwards Building）這樣的開發案，便因為含有數百戶專供較貧窮的家庭購買的低價公寓而得到國際社會讚許。

托德里安坦承溫哥華的公寓大樓大概已足敷需求。如同大溫哥華區域局的狄瑪珂，他也表示自己希望溫哥華在未來將朝向歐式都市化發展。不少溫哥華人都把那些海綠色的公寓大樓視為入侵者，認為那些大樓占據了他們的家鄉——對這些人而言，托德里安這句話自然是個好消息。

托德里安指出：「溫哥華勝過新加坡或香港之處，在於那些纖細而且間隔寬敞的大樓，讓山景與陽光都不至於遭到遮蔽。不過，僅以興建高樓大廈詮釋溫哥華主義的懶惰做法已到盡頭，我認為溫哥華的未來在於介於四到十二層樓之間的中層高度建築，而且集中在大眾運輸路線附近。加拿大線的新車站周圍將可看到許多這樣的發展。」

波特蘭與溫哥華這種由大眾運輸引導的復興發展，有許多值得學習的教訓。波特蘭採取緩步前進的做法——在部分人士眼中顯然太過緩慢。若要靠著像奧倫科車站這種較密集的大眾運輸導向市郊轉變北美洲的城市景觀，數量恐怕太少，也來得太遲，在經濟衰退時期尤其如此。至於溫哥華，則是正進行一場迅速的轉變，速度足以比得上這座城市選擇的大眾運輸系統：天空列車。不過，就廣泛適用性而言，溫哥華的模式恐怕過於奢華：這座城市內的大批規劃專家不但少有其他城市能及，興建天空列車的高昂成本更是遠遠超過現今大多數城市的負擔能力。我猜想，真正的可行之道，也許介於波特蘭的新市郊主義與溫哥華的超高度都市化之間。

換句話說，也就是重新想像、重新打造我們許多人早已住在其中的這種城市。

1 根據美國人口普查資料，波特蘭在二〇〇八年共有百分之六・四的人口騎乘單車通勤——這個數字是十年來增加超過一倍的結果，但相較於哥本哈根的百分之三十七仍是低得可憐。

2 溫哥華的天空列車與電車的動力來自水力發電，亦即目前所知最潔淨的一種能源。波特蘭的電力大部分都來自火力發電廠。